D. C. THOMSON & CO., LTD., GLASGOW: LONDON: DUNDEE
Printed and published by D. C. Thomson & Co., Ltd., 185 Fleet Street, London EC4A 2HS.
© D. C. Thomson & Co., Ltd., 2008

ISBN 978-1-84535-358-2

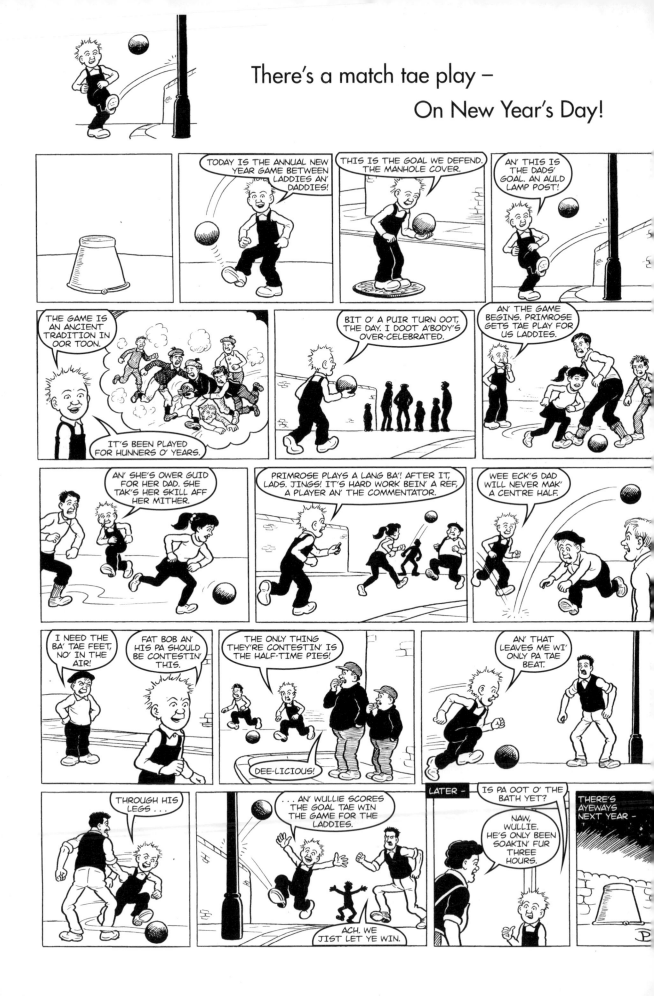

Snowboardin' doonhill –
Winnae gie Ma a thrill!

Life's no' half a blast –
When ye're travellin' fast!

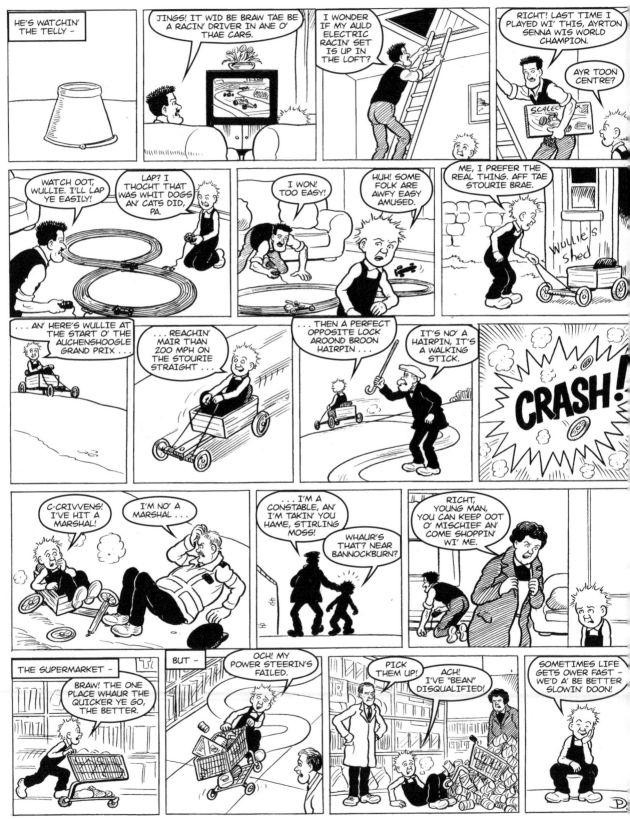

In winter Wullie tak's a likin' –
Tae bein' a brave an' darin' Vikin'!

Wull thinks it's nice –

Bein' a goalie on ice!

Wullie finds it's jist the biz –
Enterin' a radio quiz!

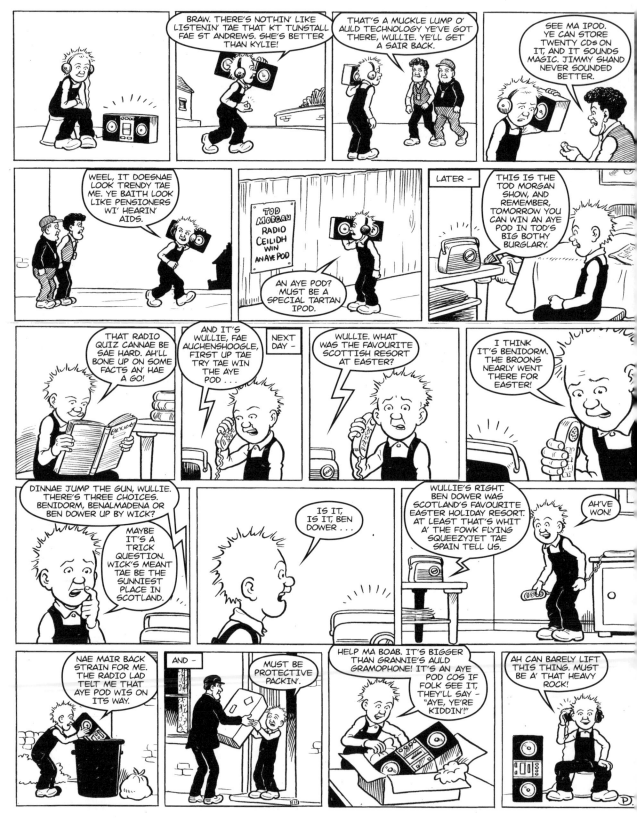

A snack late at night –
Can lead tae a fright!

The ways are many –
Tae earn a penny!

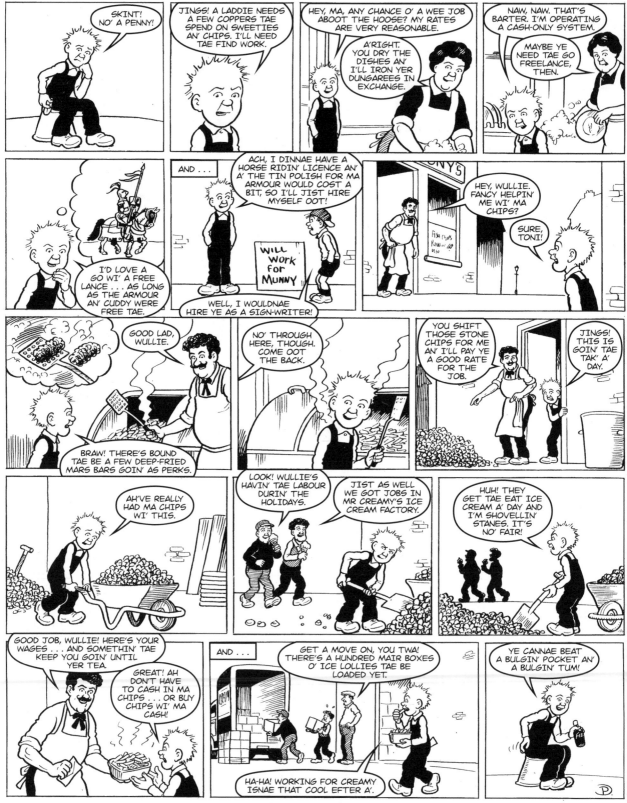

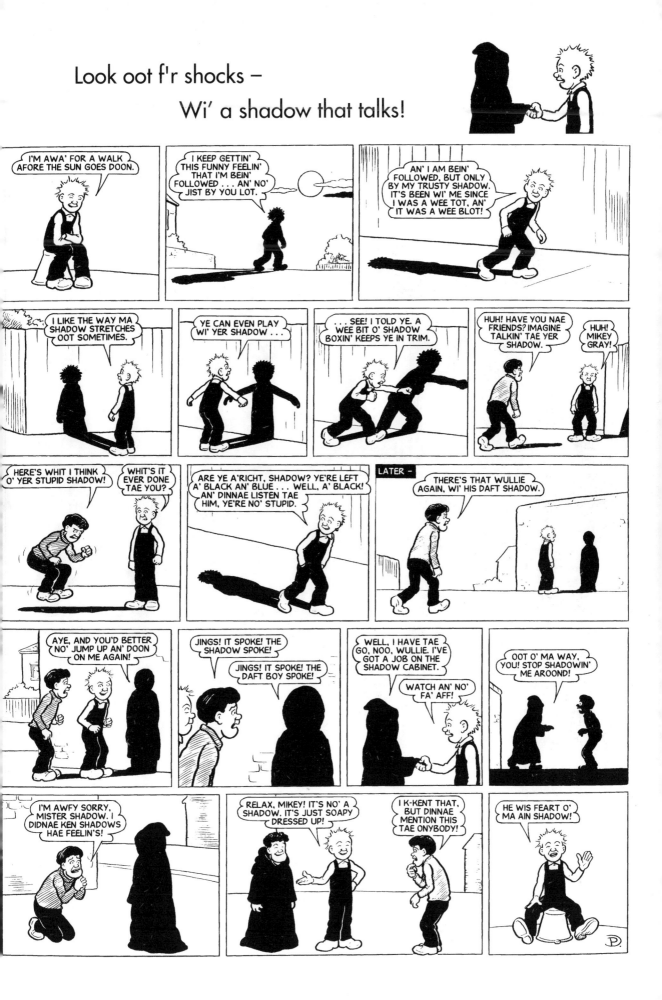

Agent Wullie has a try –
At bein' Scotland's superspy!

The plan's absurd –
Tae catch a bird!

Nae pets at school –
An' that's the rule!

Can a run that's funny –
Raise loads o' money?

Goin' faster –

Means disaster!

Wull's doon in the mooth –
Wi' an awfy sair tooth!

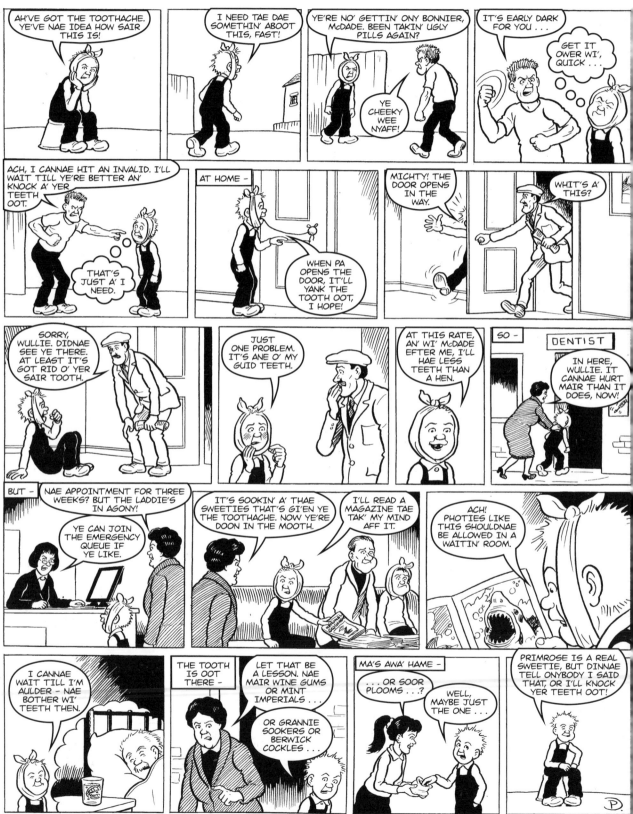

This hoose can be found –
Almost all underground!

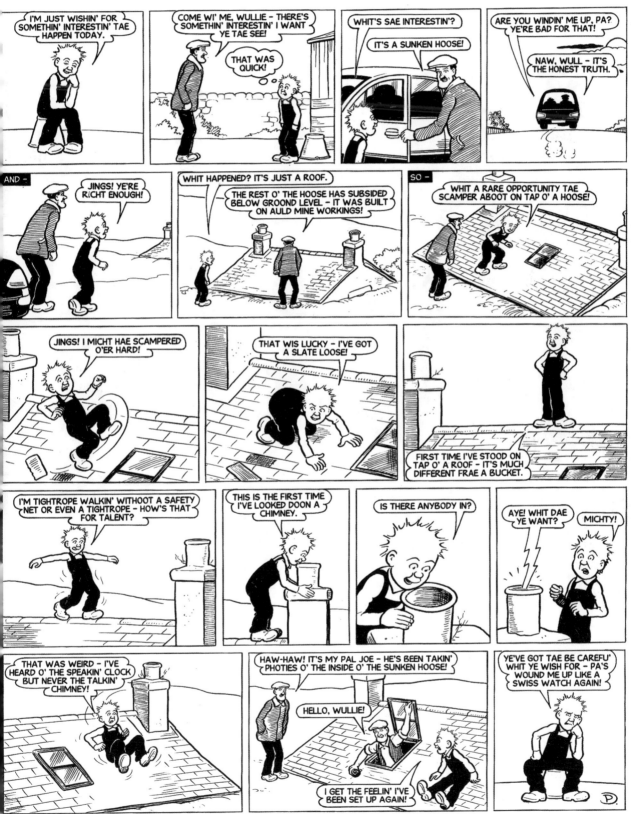

It's no' aye grand –
Haein' time on yer hand!

Wha's the best, dads or mums –
When it comes tae daein' sums?

Wull kens a seat –
That's hard tae beat!

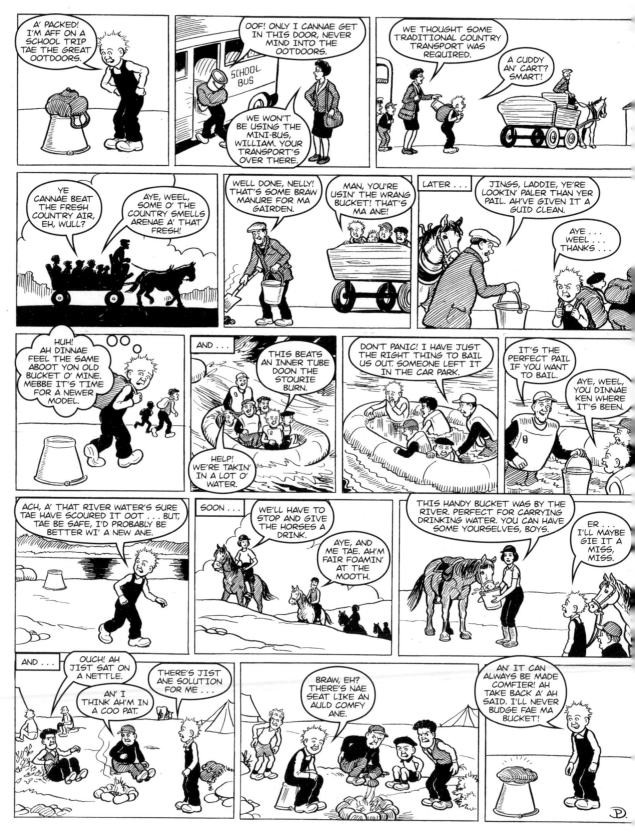

Eck is lookin' glum cos he –
Is awfy sick o' bein' wee!

Home fare's jist dandy –
An' it's fine an' handy!

Wullie plans tae make –
His job a 'pizza' cake!

Wullie cannae understand –

Why bein' good jist isnae grand!

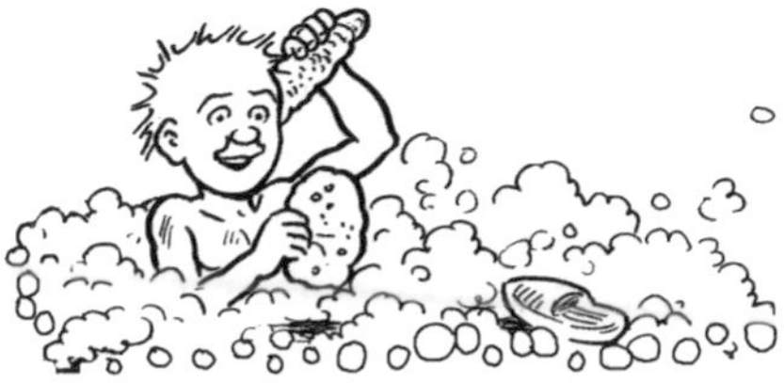

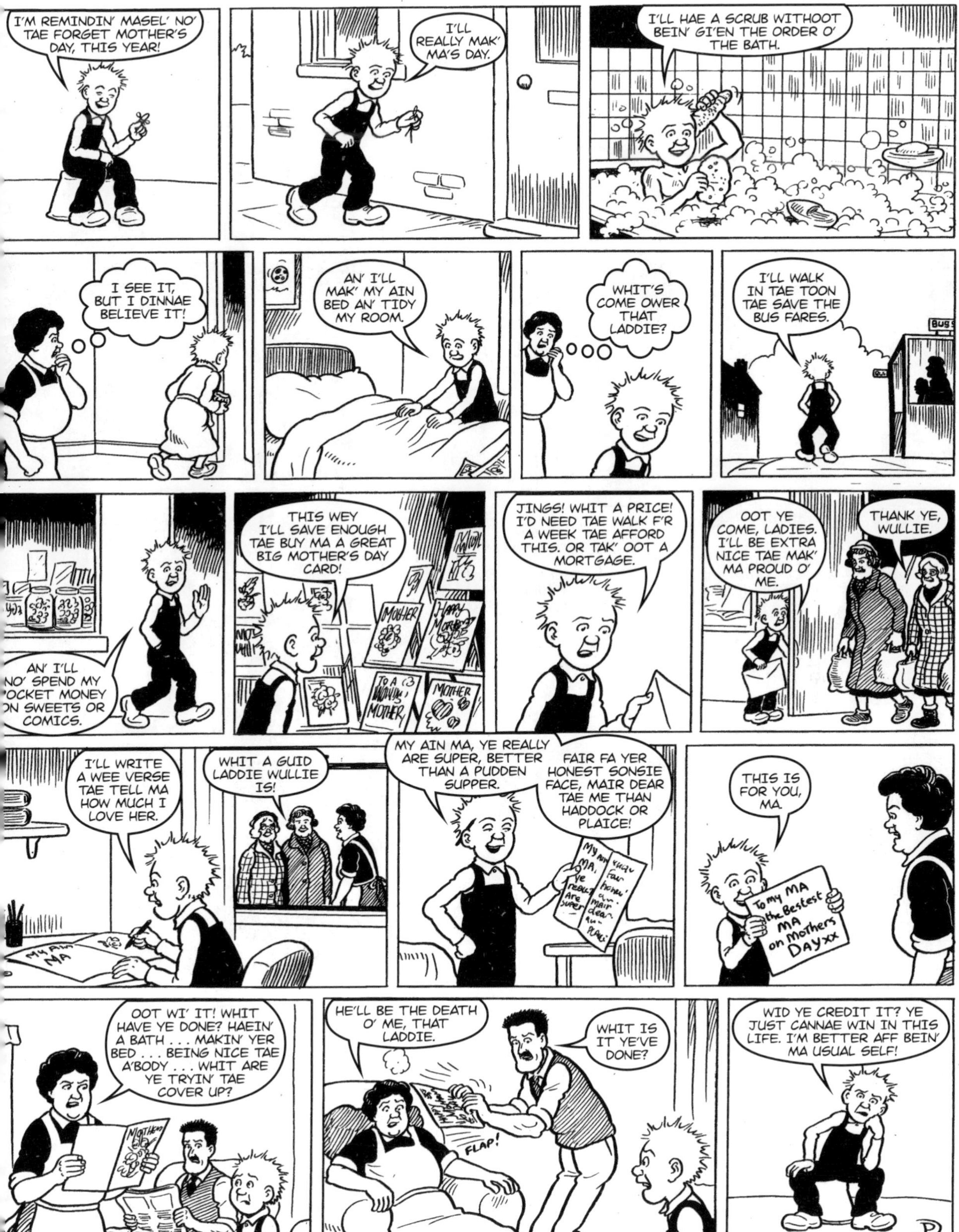

When it comes tae playin' pool –
Somebody'll look a fool!

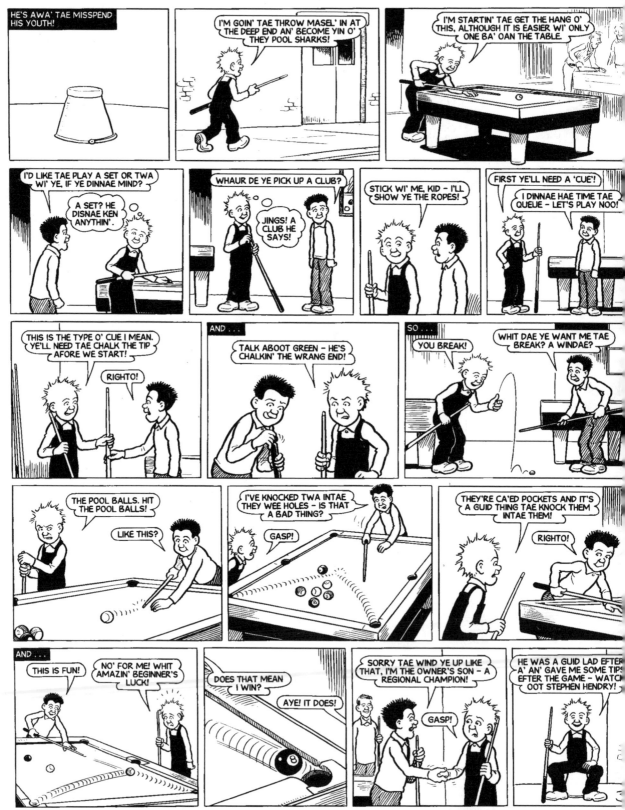

Wi' eggs hard-boiled –
Wull's plans are foiled!

It's a pity that the ref –

Is no' a wee bit deaf!

Wull likes a party –
When he can get clarty!

Oor laddie's no' that great –
At gettin' up tae date!

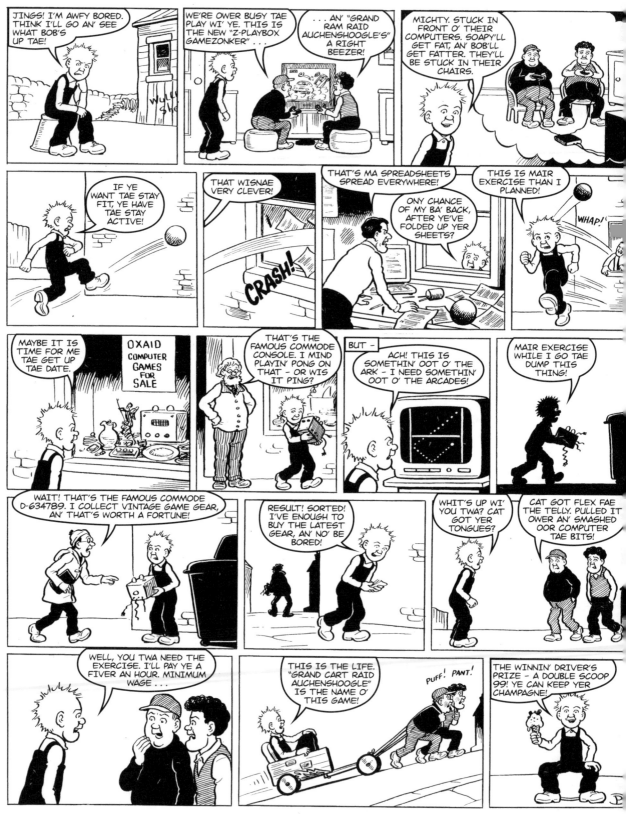

Oor laddie thinks he'd like tae paint –
But van Gogh, Wullie clearly ain't!

Wherever ye roam –

There's nae place like foam!

When wasps attack –
Ye hae tae fight back!

The strangest sicht ye've ever seen –
Is Wullie in a submarine!

Wull finds it hard tae face –
The thoucht o' wearin' a brace!

Wullie's at the capers –
When he delivers papers!

There's cash tae be found –
For horsin' around!

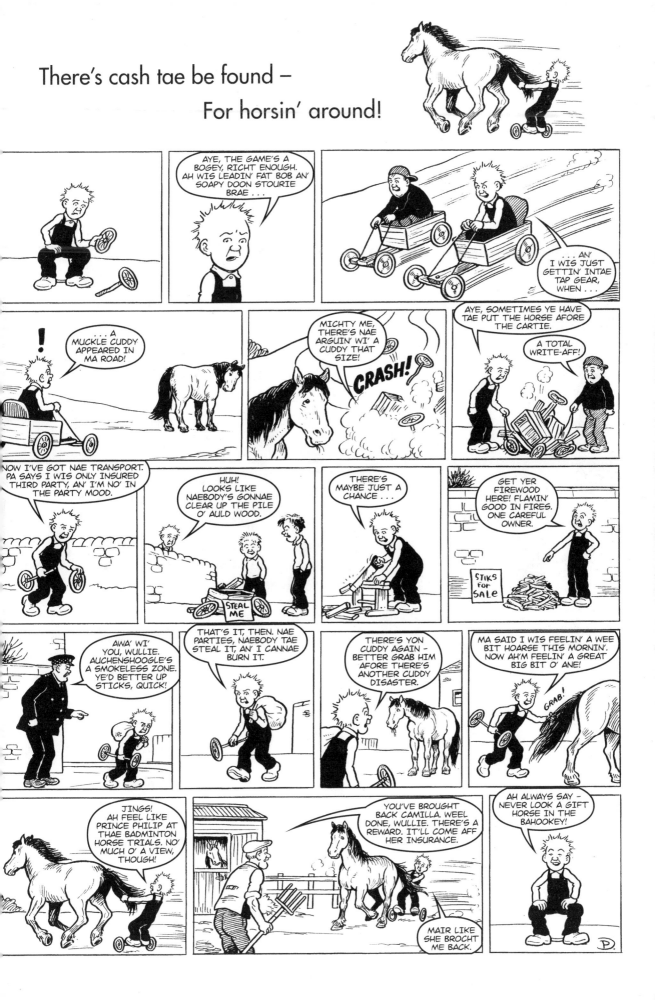

It isnae half rare —
Wi' yer pals at the fair!

Wouldn't it be fun –
If Wullie weighed a ton?

Try as he might –

Wullie can't fly a kite!

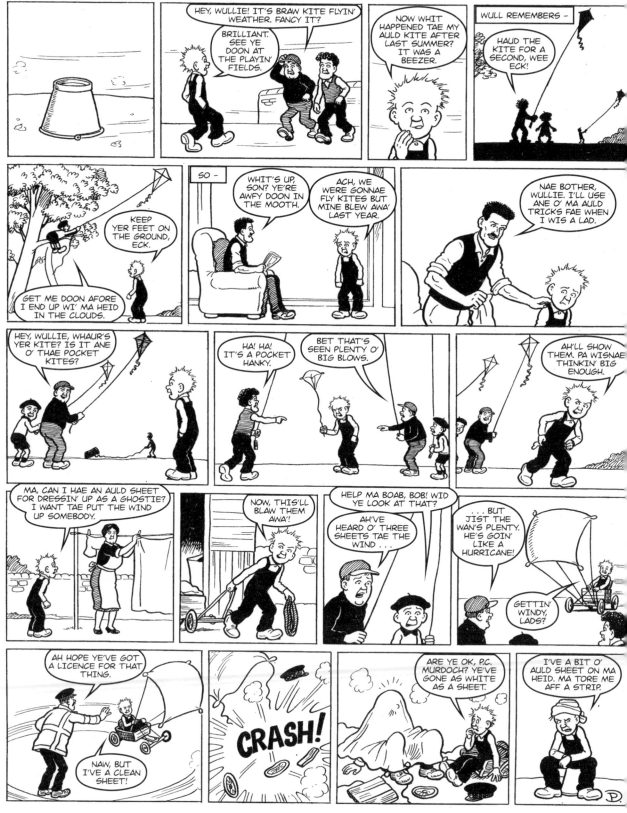

Bob's stress-relief doll –
Is nae help at all!

He micht be wee an' hairy –
But Harry isnae scary!

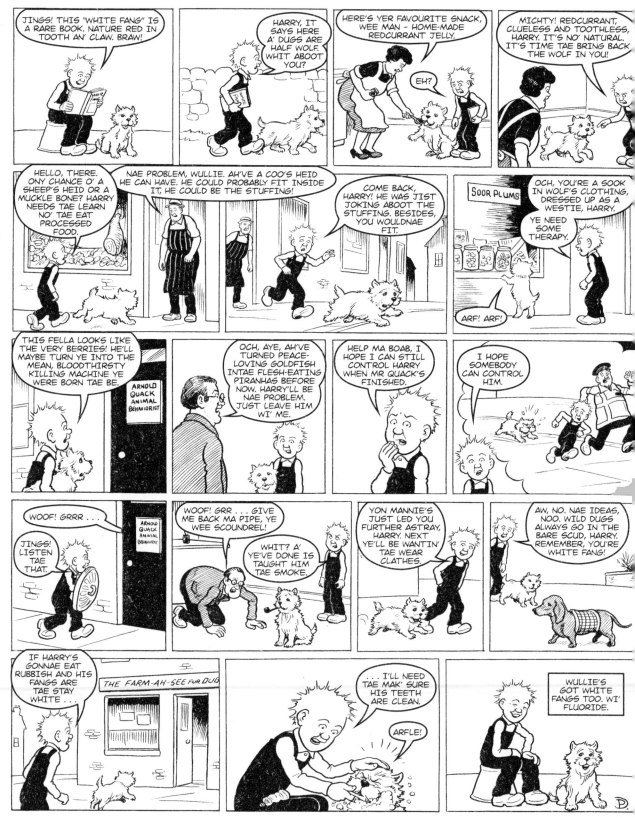

Wull has fun on his own –
Wi' a big trombone!

Wullie's at the local park –
Tryin' oot this golfin' lark!

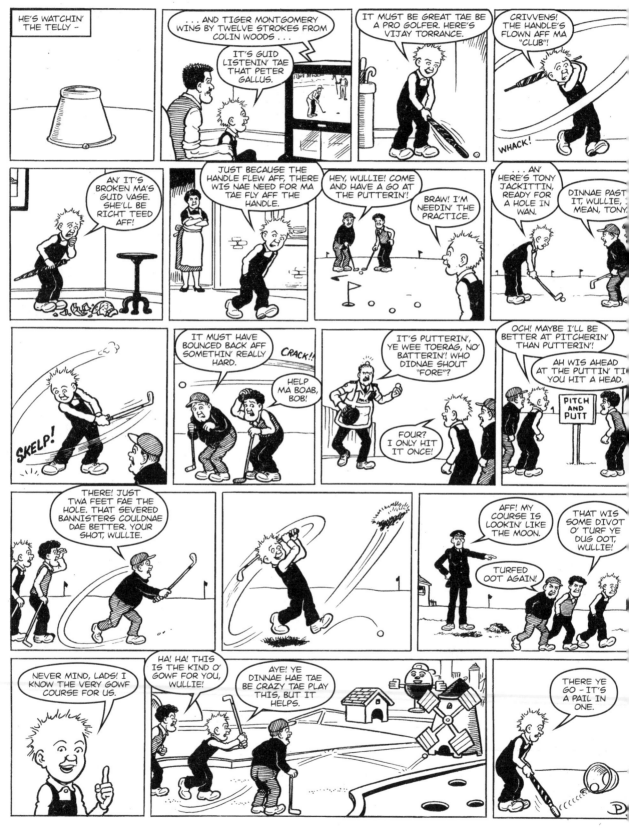

A water feature –
An' a scary creature!

Midgies may be wee bit mites –
But they can gie some awfy bites!

It's aye the same –
The butler's tae blame!

Wullie can't believe his eyes –
Wee Eck's grown tae giant size!

Can it be we'll ever see –

Wullie as an MSP?

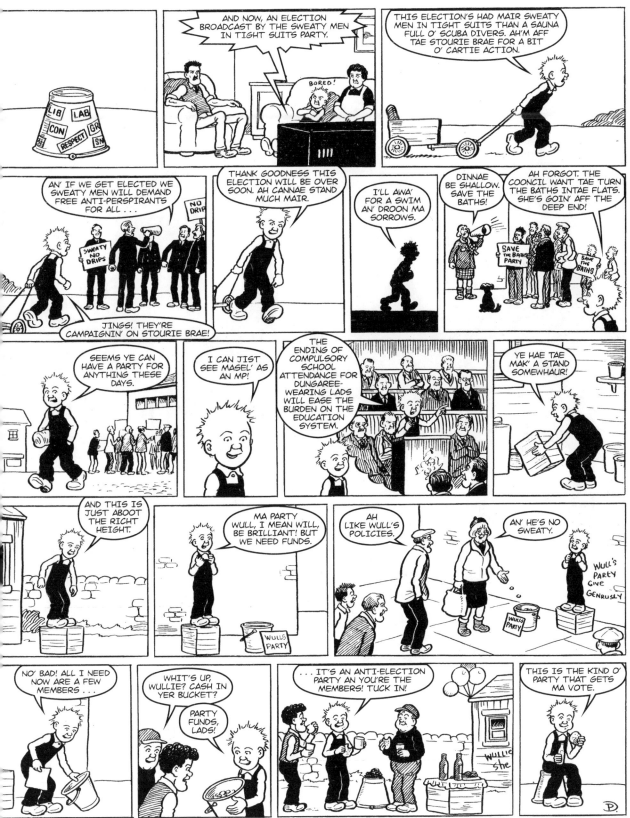

Wull's animal disguise –
Even tak's *him* by surprise!

Hey diddle, diddle –
Oor Wull's on the fiddle!

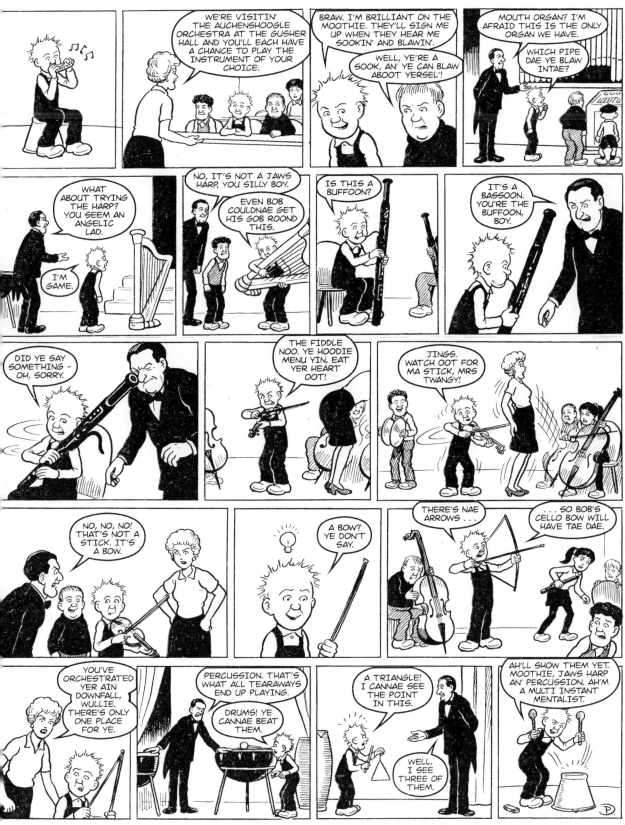

It's clear that someone's gonnae be —

A star on national TV!

When Wull leaves the hoose –
Who'll look after the moose?

Dressin' in a modern style –
Doesnae mak' oor laddie smile!

It wid mak' ye greet –
A world wi'oot meat!

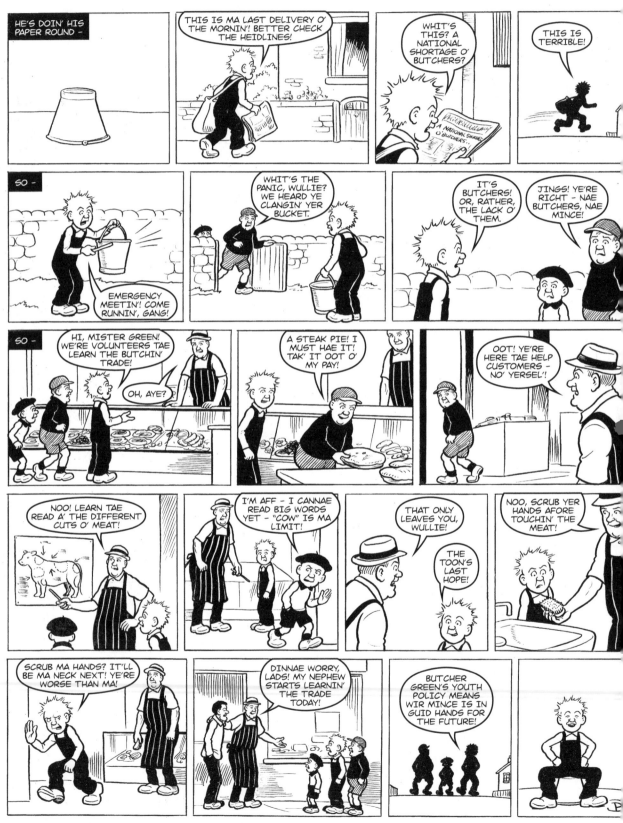

Wull finds it is great –

Haein' things tae inflate!

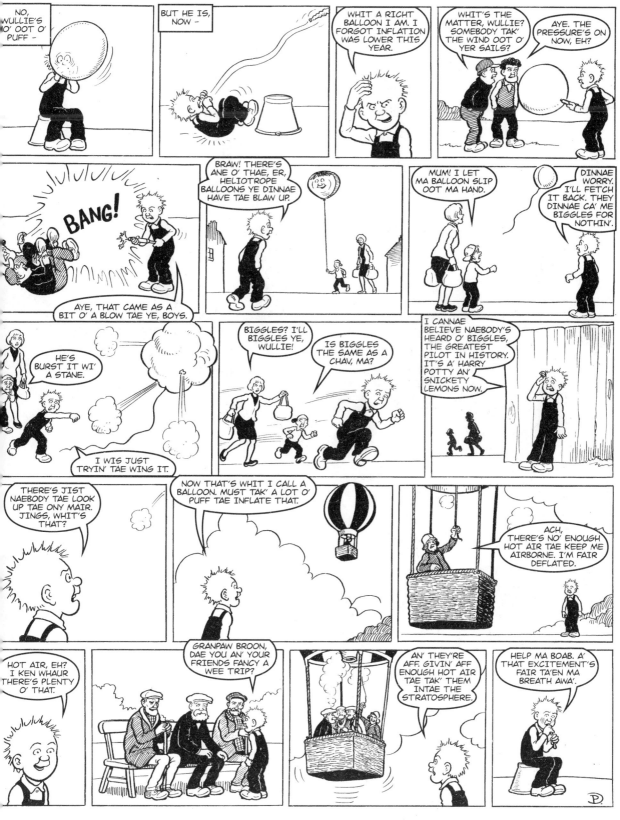

Wull's flyin' machine –
Is the best ever seen!

Wullie gets a row from Ma –
Jist f'r bein' like his pa!

Ye can get quite a shock –
Takin' dogs for a walk!

Wull's a richt dope –
Wi' his horoscope!

Panel 1: MA SAYS I READ THROUGH THINGS OWER QUICKLY, BUT IT'S NO' TRUE.

Panel 2: I'VE JUST DISCOVERED THE HOROSCOPE PAGE!

Panel 3: I WONDER WHICH SIGN O' THE ZODIAC IS FOR ME?

Panel 4: MAYBE I'LL BE TAURUS, THE COO!

Panel 5: ER – NICE COO, DOON, LASS!

Panel 6: THAT'S NAE A COO, WULL! IT'S A BULL!
NOW HE TELLS ME!

Panel 7: ACH! I'LL BE PISCES, THE FISH.

Panel 8: BLOOP! I'M WAN O' YOU LADS, NOO!

Panel 9: BEAT IT! YE'RE SCARIN' THE GUPPIES!

Panel 10: WHIT ABOOT GEMINI, THE TWINS?
THAT'S A'READY TA'EN, WULLIE!

Panel 11: AH! AQUARIUS! THE NOBLE WATER CARRIER.

Panel 12: MAIR LIKE THE DROOKIT WATER CARRIER, SON!
THAT'S NO' FOR ME, THEN.

Panel 13: WHAT'S WRONG, WILLIAM?
I CANNAE DECIDE WHIT SIGN O' THE ZODIAC TAE BE!

Panel 14: YOU DON'T CHOOSE A SIGN – YOU'VE BEEN READING THINGS TOO QUICKLY AGAIN . . .

Panel 15: SOON –
ACH! I SEE HOW THAT ZODIAC STUFF WORKS, NOO!

Panel 16: TODAY, YOU WILL SIT ON AN UPTURNED METAL RECEPTACLE.

Jist whit's Wullie like —

On an auld message bike?

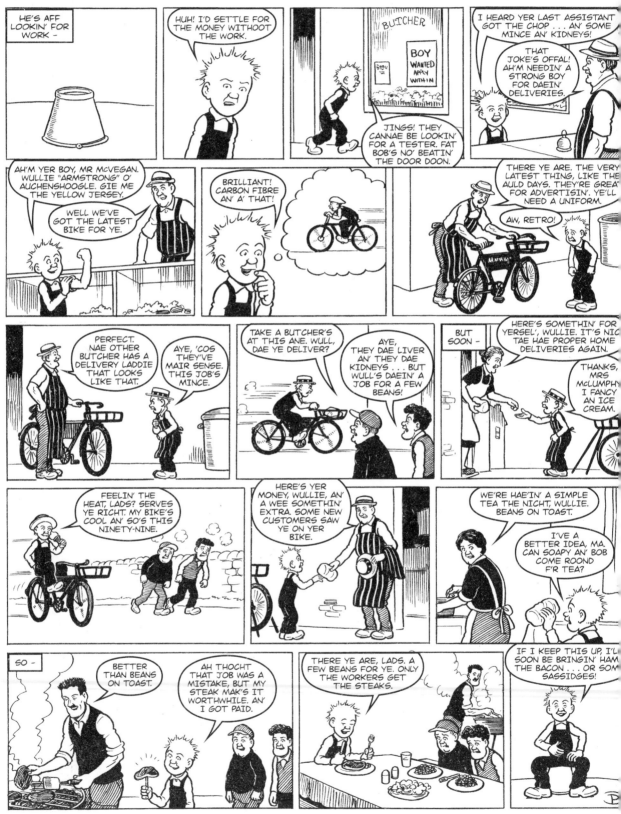

There's hummin' and hawin' –
At Wullie's drawin'!

Oor laddie looks –
Tae mak' money from books!

Even when it comes tae eatin' –
Wullie tak's a lot o' beatin'!

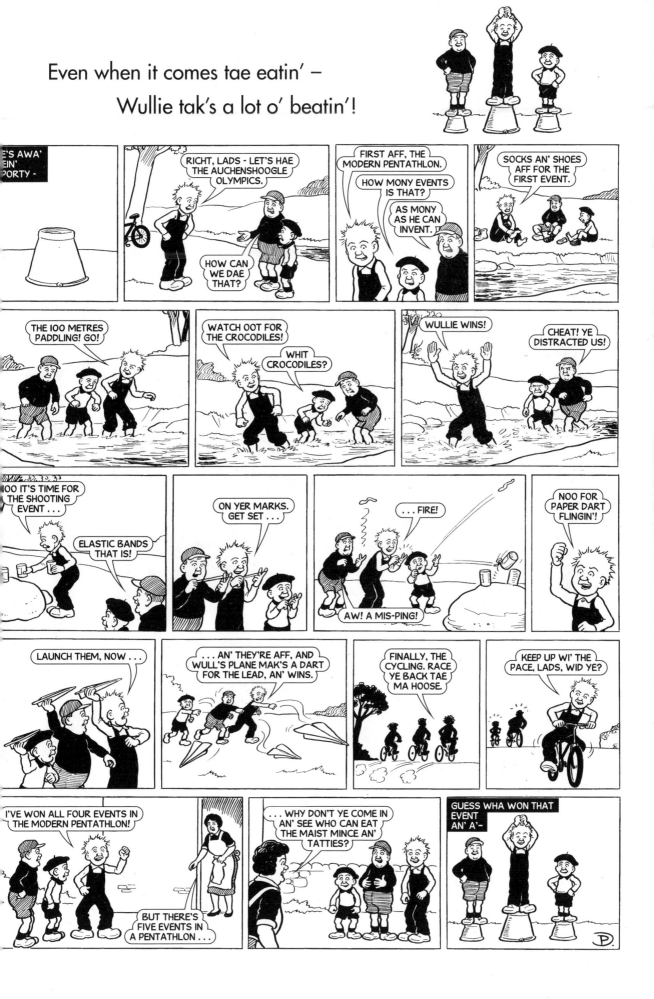

There are giggles galore –
On a slippery floor!

Ye cannae go wrong –
Wi' an auld Scottish song!

Wull never gets sick –
O' playin' a trick!

A bird in the air –
Isnae always so rare!

Things soon turn tragic –
When Wull tak's up magic!

Wullie's cousin's jist a pain –
Cos she's got watter on the brain!

Wullie's a prince –
When it comes tae mince!

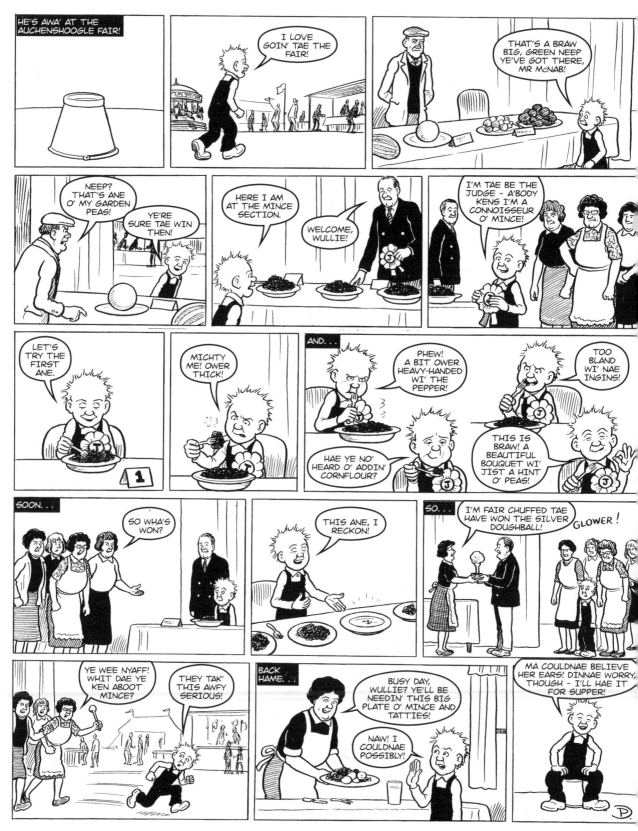

There's nothin' quite like –
Goin' oot on yer bike!

Playin' conkers –
Drives ye bonkers!

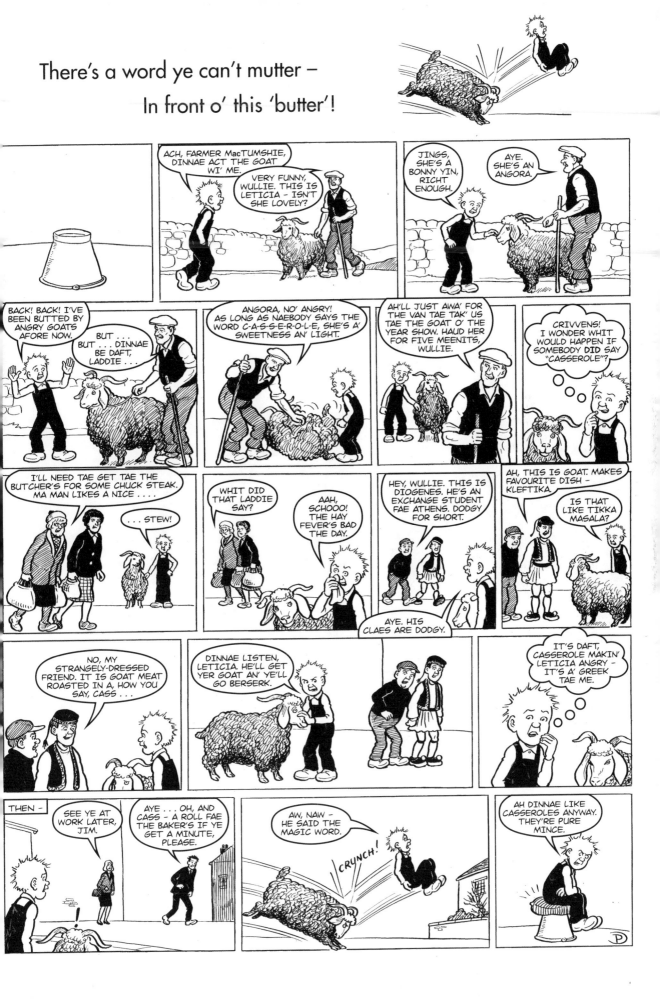

There's a word ye can't mutter –

In front o' this 'butter'!

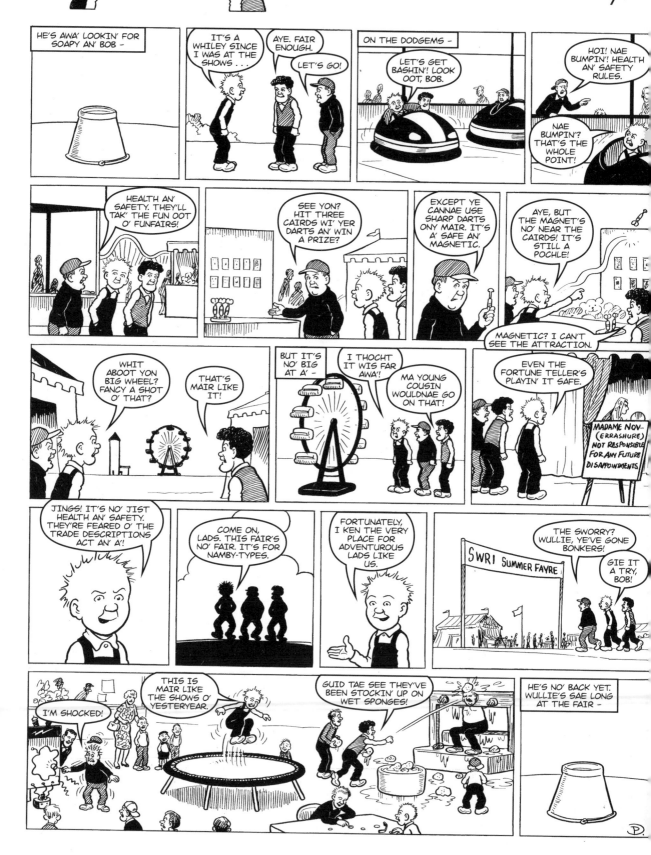

Would *you* pay guid money –
For a fair that's no' funny?

Can vitamin pills –
Cure a'body's ills?

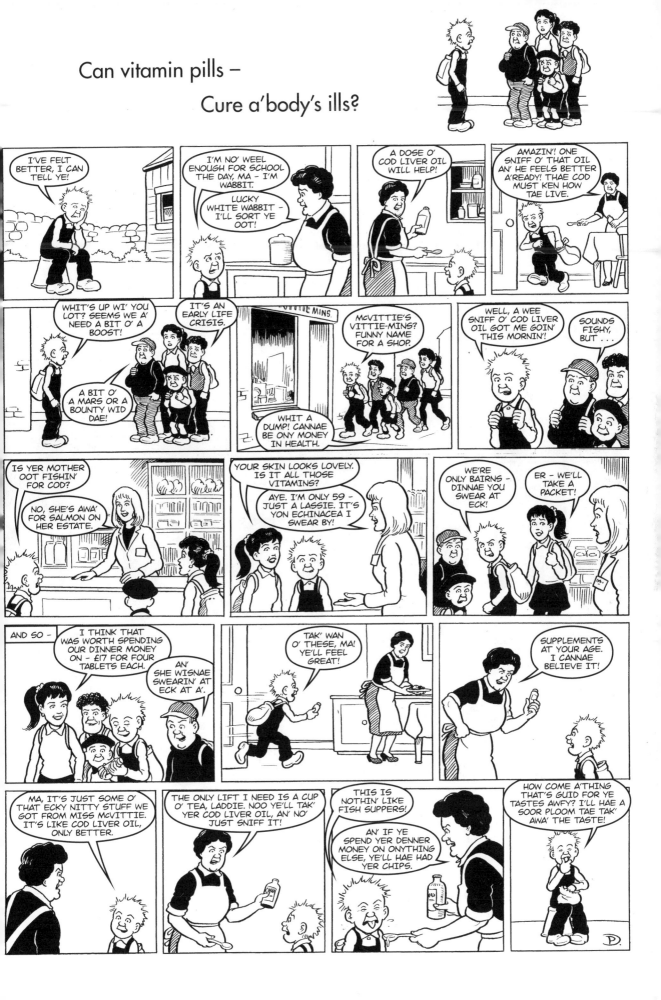

The game goes ahead –
Wi' some help from the shed!

Wull's visitin' 'Aykeir' –

F'r a tartan souvenir!

Birdwatchin's braw –
When ye spot a macaw!

It's gettin' richt silly –
They a' look like Wullie!

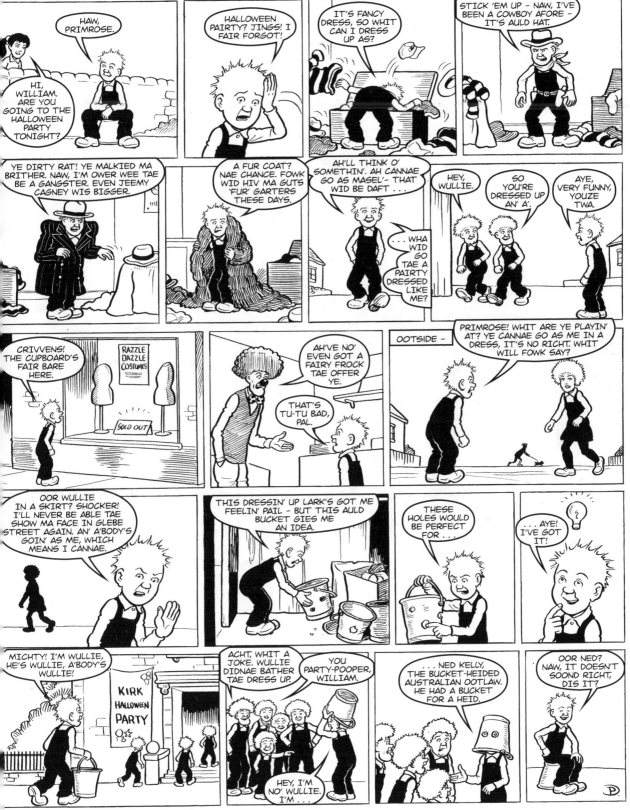

There's many a spark –
Tae licht up the dark!

A laddie's best friend –
Drives Wull roond the bend!

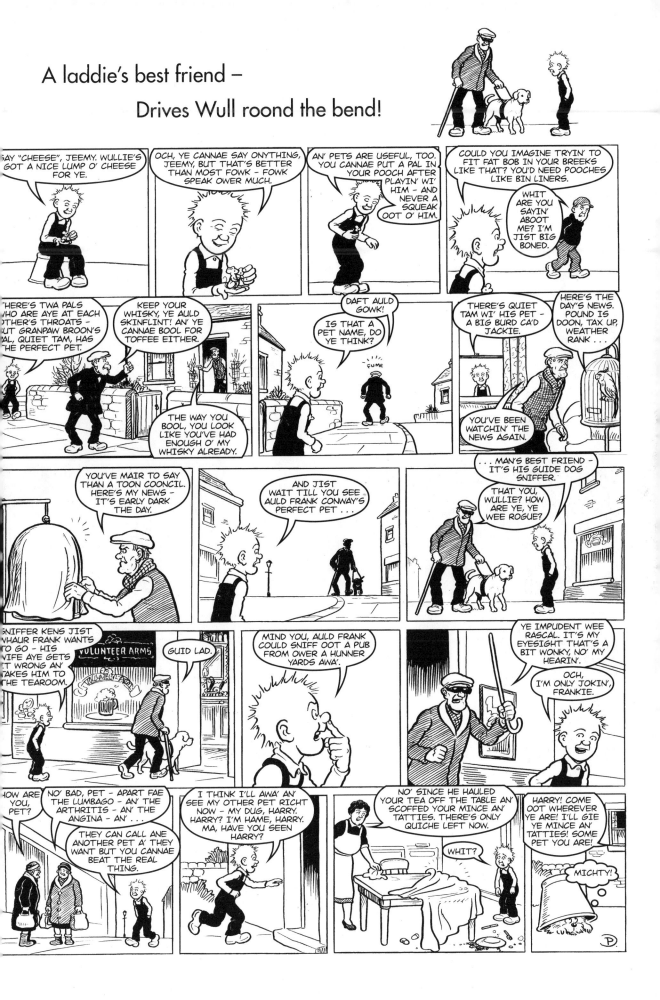

Wull kens whit is good –
For survival food!

Who'll come oot best –
In the history test?

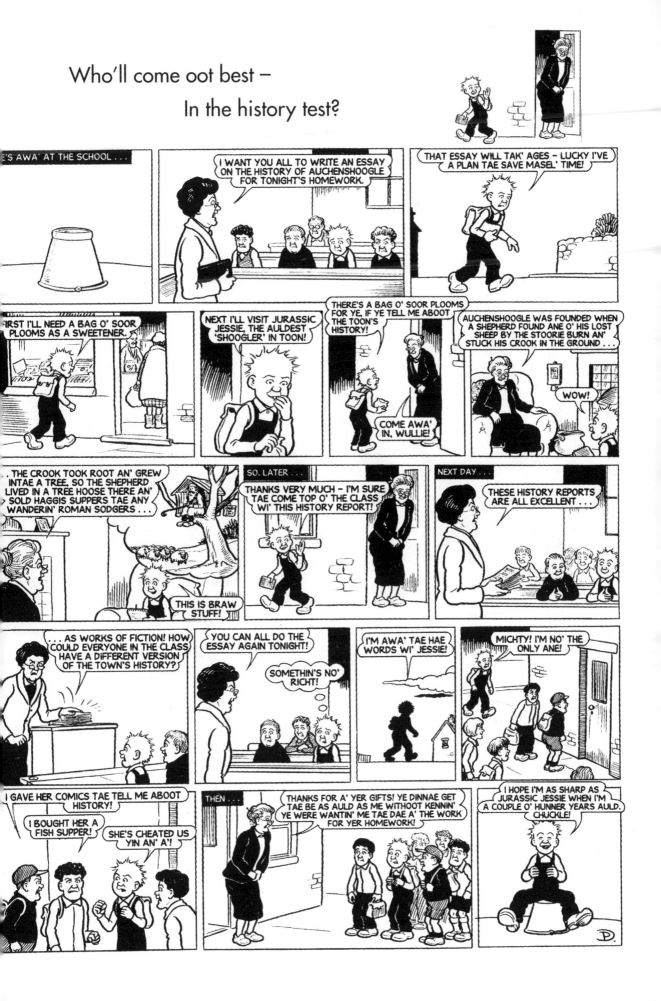

Oor lad needs nae excuse –
Tae act jist like a goose!

Wouldn't it be fine and grand –
Bein' a drummer in a band?

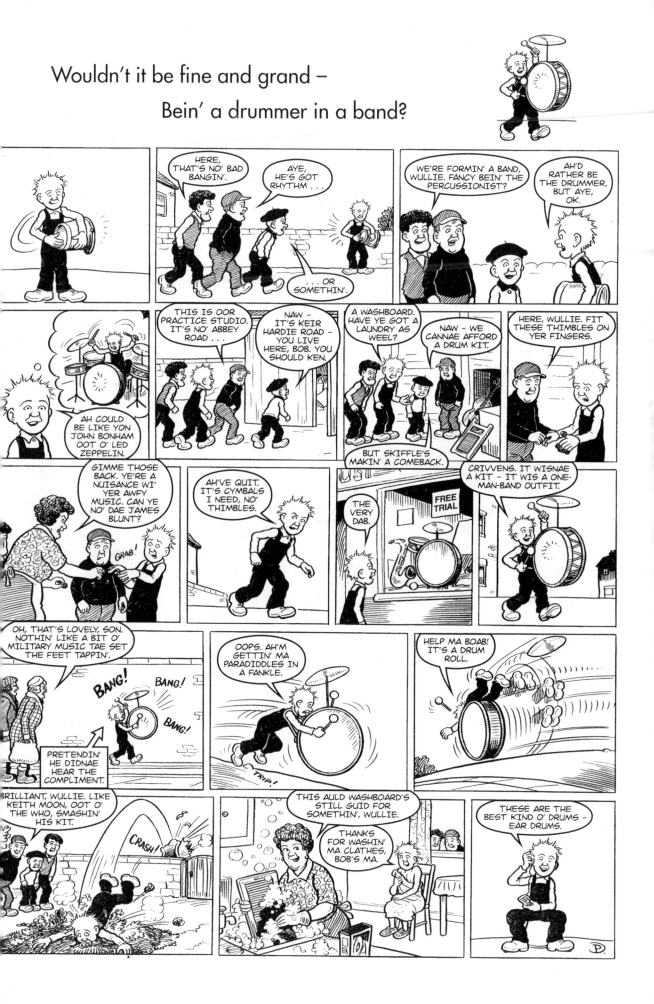

Wullie's ower keen –
Tae mak' sure the lum's clean!

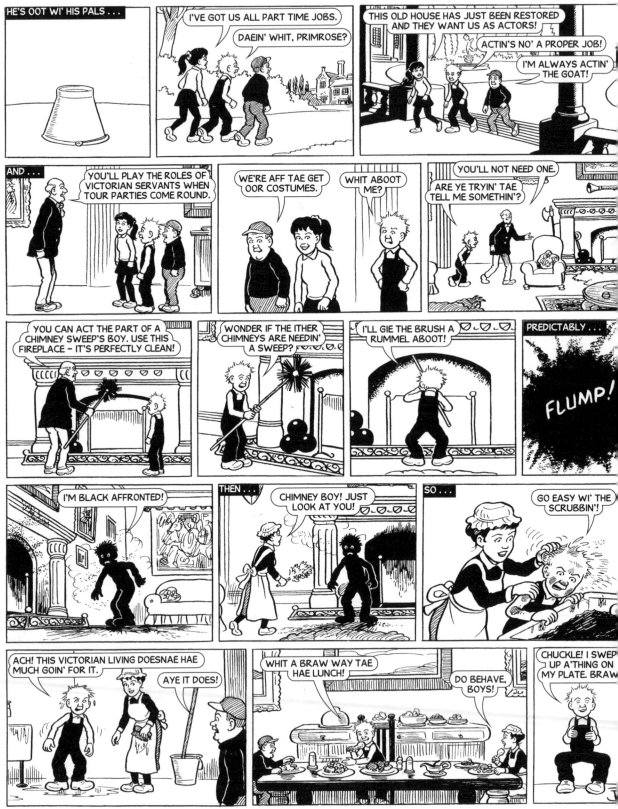

There's muckle reasonin' –
For addin' nae seasonin'!

Ma's pegs are o' the magic kind –
But no' the way Wull had in mind!

A choice f'r oor lad –
Between good an' bad!

Weel help ma boab an' michty me –
Wullie's found a speakin' tree!

Let's a' gie a cheer –
For the first o' the year!